www.ingramcontent.com/pod-product-compliance
Lightning Source LLC
LaVergne TN
LVHW091324150826
845673LV00006B/1757

قــابَ وحْــيَينِ

حمزة الخازوم

قـــابَ وحْـــيَيـنِ

شعر

إصدارات دائرة الثقافة، حكومة الشارقة 2024 م

الناشر: دائرة الثقافة - حكومة الشارقة - الإمارات العربية المتحدة

الهاتف: 5123333 6 971+

البرّاق: 5123303 6 971+

الموقع الإليكتروني: www.sdc.gov.ae

البريد الإليكتروني: sdc@sdc.gov.ae

الطبعة الأولى 2024

811.964

خ ح. ق الخازوم، حمزة

قاب وحيين / حمزة الخازوم .- الشارقة، الإمارات العربية المتحدة : دائرة الثقافة، 2024.

168 ص. ؛ 21x14 سم.

1 – الشعر العربي – المغرب – دواوين وقصائد

أ – العنوان

978-9948-747-47-5

«فلــــوْ أنّهَا نفسٌ تمــوتُ جميعة

ولكنّـــــهَا نفسٌ تساقــطُ أنْفُسَــا»

امرؤ القيس بن حجر

لهذا أكتبُ

إذا لم أورّط صباحي
بهذا الجنونِ
سأحيا شريدًا

على جرْف شطرٍ من الفقد..
لكنني الآن أكتبُ كيْ أستفيقَ
وقد ألهمتني الطريقَ شجوني،
ولم تنتظرْ من رحيلي
سوى أن أعودَ جديدًا.

غناءُ حَجرِيّ

لم تزل تبكي كثيراً

مثلمَا لم يزلْ يبكي بصدرِي

الشُّعرَا

يا نبيّاً في

دِمائي استتَرا

كيفَ أصبحتَ نشيداً عبرَا؟

مرّ بي منهمْ «حُضورٌ» فـأَرَى

في غِيَابٍ منهـمُ

حيثُ أُرَى

كانَ في صمتِي

كلامٌ مبهَمٌ

وغنَائي اجتُـثّ منّي حجرَا

هكذَا الوجدُ امتدَادٌ..

وإذَا حانَ كشْفٌ في يديهِ انْحسرَا

لا تُبحْ عينَكَ

إلا وردةً

وعصافيراً ونـهْراً وقُرَى

هكذَا أنتَ..

بسيطٌ

هكَذا تشهقُ الآنَ

فتغدُو وَترَا

فَكنِ اليومَ جموعاً

وغداً كن غريباً

يستحِثُّ الحذَرَا

اقتبسْ منّا صحَارَى

وَانسَكبْ – فارغاً من كل رعدٍ –

مَطَرَا

والْتحِمْ وحدكَ بالضوءِ

ولا تنتظرْ ليلاً

يَزُفُّ القمرَا

أنت رَهنٌ للضلالاتِ

وفي صدركَ الأنباءُ تسعَى زُمَرَا

وأسىً فيكَ صراطٌ للأُلى

أسرجُوا الشكَّ،

وقالوا: كفرَا

يَا قديماً في الغَيابَاتِ

ويَا من يُحَاكي القلبُ منهُ الشَّجرَا

كنتَ في عصْفِ

سوى هذا

وفي غمرةِ التكوينِ تدعى بَشرَا

هل رأيت الماءَ نارَا؟

أم تراكَ سمعتَ الطينَ يشكُو الكِبَرَا؟

إنني فيكَ حشودٌ

كلما رقّ مني القلبُ؛

ولّوا شَرَرَا

فاقتربْ منيَ ريحاً

فأنا

قيْدُ هذا السّفْرِ حيث انتثَرَا

ولتُزِح عنّي الصداعَ الآن..

قلْ لي:

كيفَ أصبحتَ نشيداً غبرَا؟

الندامى

لقدْ كابَدُوا في الكلَامِ الكَلَامَا

وصَلّوا صَلاة الصغارِ اليتامَى

يسَميهمُ الناسُ

نـهراً قريباً

وهُم فِتيةٌ لم يذوقوا الغمَامَا

ولمْ يلتقوا بالسَّماءِ،

ولكنْ، متَى جئتَهمْ

أودعوكَ السلَامَا

يعيشُون – مثلَ الدراويشِ – وهماً

وكمْ بادلوا القلبَ فيهِ الغرَامَا

وأيّامُهمْ

لم تكنْ غيرَ ظِلّ

ترامَى بإيقاعِهم إذْ ترَامَى

حناجيرهمْ

لم تُدِرْ قبلُ نايَاً

وأشجارهمْ لا تجيرُ الحَمَامَا

بَسيطُونَ

مثلَ انزواءِ الرمالِ

عن وجهِ طينٍ يخوضُ الزّحَامَا

لهم في أحاديثهم

ما لصَبٍّ من الليلِ

يسري به مستهامَا

ولي فيهمُ رِحلةٌ

أعقَبتنِي عَلَى إثرِهِم في الرياحِ

الخِيامَا

وللَّيْلِ مِنا جميعاً شُؤونٌ

سَنجتازُه وادِعاً

أوْ حِمَامَا

نرى كل شيء ونلهو

كما لَوَ أنّ الكلامَ «الذي..»

ما استقامَا

هُمُ الأهلُ

لا الأصدقَاءُ

همُ الحنينُ الذي لا يَخافُ المَلَامَا

أقامُوا لأشجانِهم خيمةً

على موعدٍ من قدِيمِ الخُزامَى

وفي مُرسَلاتِ الهوى غادرونِي

كما غادرَ الليلُ كهفَ الندامَى.

قابَ وحْـيَـيْنِ

أُصَدِّقُ..

لَا أُرْخِي عَلَى الشَّكّ لَيْلَهُ

وأشرُدُ في غُصْنٍ يُجاذِبُ ظِلّهُ

رَوَيْتُ مِن الأحداثِ قلبي

كأنّهُ رَسولٌ بِبَاب اللهِ

أسرَجَ خيلَهُ

رقتْ بي

وَكَانَت قَبْضةً

(فَقبضتها)

وقيلَ بِهذا الغَارِ

أُوتِيَ سُؤْلَهُ

يجُوبُ سَماء اللهِ

يَمتَدُّ إثرها

فَأنّى انْتَحَى لاقَى إلَهاً أظَلّهُ

وَكَانَتْ عَلَيهِ مِنْ رُؤَى الصّمْت

خِلعَةٌ

متَى مَا تُشاغِبْهُ السَّماواتُ سَلّهُ

وكانَ بسِيطاً

أرْهنَ الرّيحَ صَوتهُ

وسَلّمَ للنهرِ المُرَابطِ نَخلَهُ

تخفّف من بعضِ الكلامِ

لعلمهِ بأنْ سَوفَ يُلقِي في المَداركِ ثِقلَهُ

هُنـالِكَ...

حَيثُ الوَافِدونَ تَرابطُوا أقامَ،

وألقَى قَابَ وَحْيَيْنِ رَحلَهُ

يقُولُ لِلَيلِ النّازحينَ لِكُنهِهِ

تفتَّحْ..

فتنمُو أعينُ الضّوءِ حَولَهُ

إذا انْسَلّ مِن بعضٍ لبعضٍ

رأيتهمْ تـكَادُ بِـهِ أرْواحُهُـمْ

تتَألّـهُ

علَيهمُ من فَيضِ النبوّة مِسْحةٌ

تسيرُ بهم حَيثُ الكِبارُ تَولّهُوا

يَمِيلُون بعْض المَيلِ حِيناً،

ليشْهدُوا مَدَارَ كُؤوسِ القُرْبِ

ترقُبُ مَيلَهُ

فَمَا ثمّ في أعماقهِ

غيرَ موْكِبٍ مِن الحُبّ،

حيثُ الغيمُ عَانقَ حقلَهُ

وحَيثُ عَلى الصَّحْرا اسْتِدَارةُ راحِلٍ

إلَى النّخلِ

مَوّالاً يُهذّبُ شَكلَهُ

كَأَنّ بـ«طُورِ الوحيِ»

تَرْقصُ نارُهُ

فَلَيسَ سِوى مُوسَى لِيخلعَ نعْلَهُ

فَيَا سَيّدي

والليلُ «أرْخى سُدُولَه»

أدِرْ كأسَ صَبٍّ فِيكَ صَدّقَ جَهْلَهُ

وآمَنَ ...

حَتّى قِيلَ: بعضُ نَوَازعٍ

وَسَافرَ...

حتَّى قيلَ: ضيّعَ سُبْلَهُ

بَعِيداً

وَلَكنْ تجْتَبيهِ عَوَالِمٌ

كَمَا يَجْتبِي وَاد مِنَ النخْلِ رَمْلَهُ

قَريباً

بقلْبٍ فِي الغُيُوبِ مُسافرٍ

وفرداً بجَمْعٍ لا يُطاوِلُ طَوْلَهُ

حَبِيبِي رَسُولَ اَللَّهِ؛

ظِلُّكَ مَوقِدِي

فَسِرْ بِي..

أكُنْ غُصناً يُجَاذِبُ ظِلَّهُ.

ابتلاءُ أخير لجسد أول

كل ما في يدِي يا حبيبةُ فقدٌ

وما أرتديهِ وما تعملينْ

وما أودعته سماوات قلبينِ في سهونا الأبدي

وما قلته في زمان مضى..

أو زمان سيأتي كما تعلمينْ

ترينَ استدارات ليلي صباحاً
وسهوي انزياحاً
وحزني انشراحاً
أعودُ إلي وقد أدركتني شجوني
مليئاً بما تحلُمينْ

لم أكن غير جسم شفيف
رأى الريح قادمة من بعيد
فقام إلى الليل
يغمسُ فيه ملامحه الغامضات

لكي تستفيق المدارات من حزنها

أوْ لكي تستجيب القياماتُ

بعد انقسامٍ طويلْ

لم أكن غير جسمٍ من الآخرينْ

أُريتُك نوماً تسللَ منكِ إلى خاطرِي

في سراب قليلْ

أريتكِ شيئاً كظلّ ظليلْ

أريتكِ في راحة من كتاب مبينْ

كأنك لما تمشيتِ فيه

وكنتُ على غفلة من هجوعي

تمشيتِ في موتتيّ خلوداً وأيقظتِ فيهن هذا اليقينْ

كأني اقتربتُ من الموت شبراً

ولكنني مُوصَدٌ بالوعودْ

كأني قريب من الماءِ

لكنني مرهقٌ بالجنودْ

كأني ابتلاءٌ أخيرٌ

لما سوف تقتاده نحوَ صمتي السنونْ.

على موعدَينِ

إلى أيّ شطرٍ

أقودُ الصَّباحَا

لأرتادهُ عودةً وانزيَاحَا

لأخلق من دمعةِ الغيمِ نهراً

يجسُّ بِه العابرونَ البَراحَا

لأمشِيْ على مَوْعدَين..

وليلِي يجيرُ على ضِفتيهِ

القِداحَا

كما لم أزل واثقاً من ضلالي
ومن أمّـةٍ لا تبيحُ المُباحَا

لأن المَدى..
موغلٌ في صدايَا
فليس سوى أن أزُفّ الرياحَا

وليس على الحربِ شيء
فهَا على جسدي الموتُ
يُلقي السلَاحَا

وها البيدُ..

قد أسلمتني لناءٍ

يُدثرُ في موتَتيّ النُّوَاحَا

فكيفَ سأكسرُ هذا النهَارَ

وأبلغ من سَادِنيهِ الرّواحَا

أنينِي هُلاميّةٌ صرختاهُ

وما زلتُ أسْتلُّ منه النُّباحَا

ووجدي على كل شيء

فدمعي على مِغزلٍ

من ضلوعِي استراحَا

كأن الذين انتهوا؛

ما انتهوا

فرُحت إلى موتهمْ حيثُ راحَا

كأن الخُيولَ التي

أسلَمتنِي إلى الريحِ

ألقتْ عليّ الجَنَاحَا

وقالت ليَ: الآن سرْ

صوبَ هذي الغيومِ صدىً

أو تجلّى انفتاحَا

فأنت الذي كنت في غُمرةٍ

– سوى هذه يا صغيري –

انشراحَا.

قلبي قبيلة من النمل

لِعَينيكِ..

مَا أملَتْ عَليَّ الجآذِرُ

وَما أَودعَتهُ فِي حِمَايَ المقادِرُ

كتمتُكِ أوطاناً

وعيداً

ومولداً

ولكن كَتْمِي لمْ تُطِقْهُ المَعاذِرُ

بأيّ فؤادٍ

يا ابنةَ الجَنْبِ أنثَني

إذا (الحربُ) عادتْ

والقلوبُ هَوادرُ

بأي ضلالٍ فِيكِ

صِرتُ مسافِراً

أسوقُ غريباً أنهَكتهُ البواترُ

أسيرُ كَسَيرِ الملهَمِـينَ،

فكَيفَمَا تبدّتْ لِيَ الأبعادُ موتاً؛

أغامِرُ

كأنّي..

إذا أوحَى ليَ الليلُ

أتقِي بِعَينَيكِ

– يا محبوبَتِي –

مَا أُحَاذِرُ

أحبكِ..

لا أدرِي متى!..

كيفَ!..

إنمَا أحبكِ موتاً... أو حياةً تغادِرُ

تعاليْ إليّ الآنَ

يا كُلَّ عِلّتي

لكيْ تعلمِي أنّي

رَهِينٌ يُكابِرُ

وما الليلُ إلّا صِنوُ ما تَصنعِينَ بي

نهاراً،

وقدْ آوتْكِ فيهِ العَشائِرُ

أعودُ من التَّهيَامِ...

قلْبي قبيلةٌ من النمْلِ

قد دارتْ عليهِ الدّوَائرُ

كمنْ

بذرَ الآجالَ في طَبْعِ خمرِهِ

فَصدّقَ أن السُّكرَ «فيكِ» المَصَائرُ

كمَا تلتقي الأنـهارُ

وهيَ بعيدةٌ

كَما تَلتقِي عندَ الحقولِ العصَافرُ

أعانقُ فيكِ الصّدقَ..

وحديَ..

مثلمَا يُعانِق صِدّيقاً نبِيٌّ مُهَاجِرُ

لأكتبَ عنكِ الآن؛

أرتادُ وادياً

كأني بهِ سربٌ من الوحشِ نادِرُ

أخبّـي بلادِي عن عُيونكِ

مِثلما

تخبّي ضُلوعاً في حشاهَا المقابرُ

أخافُ إذا قلتُ «الكلامَ»

تلوكهُ وتَرمي بهِ

إذ لَمْ تُجِزْهُ المنابرُ

فأنزفُ دمعاً

ليس في صَلواتِهِ

سِوى أننِي صبٌّ

بكتهُ المحاجِرُ

ولكنَّ مَا بِي

– لو علمتِ –

تِجارةٌ

بها كلّ من والَيتُهُ اليومَ خاسِرُ

رَأيتكِ..

تَمشِي في يَديكِ مَنازلٌ

تضِجّ بهَا النَّجماتُ

وهْيَ تُسافِرُ

سَأُلبِسُكِ التاريخَ شعراً؛

فكُلَّما انتبهتُ؛

مَشتْ بي في حِمَاكِ المقادِرُ

وإنـي

متَى لمْ أدرِ مَا لونُ أَحرُفِي

بدَتْ لِي خَيالاً منكِ تِلكَ الجَآذِرُ.

أساطيرُ الأَولين

يذوي الكلامُ

كما تذوي الحناجيرُ

فكيف تفقسُ في صدرِي المزاميرُ؟

أنام في بردِ ليلِ الناعسينَ

– سدى –

وبي نهارٌ توقّدهُ التنَانيرُ

مُوسايَ ألقى عصاهُ

غيرَ منتبهٍ

أن الزمانَ بما يلقيه مسحورُ

كأنّ

أهلي،

وإخوانِي،

وصاحبتي؛

في موتتينِ...

كأني الآنَ مَوْتورُ

أثرتُ في خاطرِ المعنى ربَابَتَهُ

كي لا ينام بحضن الشعر ديجورُ

لقبتُ فقدِي لقاءً آخراً

وغدِي فقداً وشيكاً

كأنِ الكونَ مأجورُ

حَبلي علَى النارِ..

دلْوِي فارغٌ..

وعلى صوتي المُكسّرِ تقتات التباشيرُ

في الليل أنكرُ أنفاسي

وتُنكرنِي عيني صَباحاً

كما تُملِي المقاديرُ

أنسى..

لأنـي إذا آنستُ «سيدةّ»

حسبتُ أن بقاءَ الكَونِ تبْديرُ

كأن في أُذُنِـيْ

خيلَ السما

وعلى وجهي قميصٌ به يعقوبُ منذورُ

بينَ القرابينِ

يغفو مُصحفِي،

فأرى أن الزمان: نُبوءاتٌ، ونَافورُ..

نهري تفجَر من أحجارِ عاطفتِي

فصارَ يكفيه

أن تشدُو العصافيرُ

وصارَ يكفيه

أن الصبح ذاكرة

لمن رأى السير صابتْه المعاذيرُ

لمن تمر على أشجانهِ

دِمنُ الماضِينَ..

وهو بعَذْوِ الريحِ مسجورُ

سأرتدي لونَ طينِي

ربما شهقت

– من فرطِ تذْرَافِها –

النيرانُ والنورُ

فكي أعودَ إلى معنايَ ليس سوى

أن تتعبَ الأرضُ

أو أن ينفخ الصورُ.

قتيلٌ لم يزلْ

كفراشةٍ تنمُو علَى
جَسدِي المُذابِ
كصوت «زرْيابٍ» يسيل على مَهَلْ

وكنغمة العُود القديمِةِ
تصلبُ الأسماع والأحداقَ في إيقاعهَا الممدودِ
من وحْيٍ شجيٍّ قُدّ من أثرِ الرُّسُلْ

من كل أسبابِ التبرّجِ أنتِ قادمةٌ إلي
لأوقظَ الهلكَى وأدعوَ كل من فقدوا الشفاهَ
وحانَ منهم أن يعودُوا فارغينَ بلا قُبلْ

أنتِ الخِيانات اللواتِي لَم أبِح قلبِي سِواهنّ

اللواتي لم أكن أخشى عليَّ

سوى خطورٍ من مَراوِدهنّ

يومَ تعثرت من كحلها الدنيا

وسالتْ بالندى كل السّبلْ

تجرينَ في رئتيَّ

جريَ المُرهفاتِ إلى الرقابِ

وخطوتي تمشي كآخرِ مُبتلينَ على الصراطِ

كأنني الموعودُ بالأبدِ الشقيّ

كأنني المصلوب في بوّابة الدنيَا

ومنقوشٌ على صدري:

قتيلٌ لم يزلْ..

خطورٌ سماويّ

مَا زَالَ

يَكْبرُ فِيكَ الهدْيُ والأثرُ

حتَّى تصوّفَ فيكَ النهرُ والشجرُ

حتى رأيتُ ضلُوعِي

– وهْيَ ثائرةٌ –

كأنما مسَّها في إثركَ الخَفرُ

بغيرِ صوتكَ..

لا رجْعٌ ولا وترٌ

يكفي حنينيَ ما يرتَادهُ السهرُ

من دون وجهكَ أبعادٌ..

وكم نمتِ الأبعادُ فينَا

ولمّا يُخلقِ السفَرُ

قذفتَ فينَا ضِياءً

مَا نزالُ به نسْري

وفِي خطْونَا الآياتَ والقدرُ

أنا

سلالةُ من أرّخْتَ سيرتهُم

فلم يَزَل يجْتبيني الطينُ والحجَرُ

فكنتُ أبصرُ ليلِي مُفرداً

وغدِي حشْداً

تطوّقهُ الأسْماءُ والصورُ

وكنتَ ترمِي عُيوني بالغُيوبِ

إلَى أن صرْتَ

مِن بُؤْبُؤِ الأحْداقِ تنحدِرُ

وصرتُ

لو حطّتِ الأَشياءُ في جسدِي

لنازعتْها عيونُ الشمسِ والقمرُ

فحيثُما انقادَ لي هذا الصباحُ

غَفتْ في دَفّتيهِ

كُفوفُ العُشبِ والزهَرُ

وكلما خضتُ في الذكرى بمِنسأَتِي

يكادُ صدريَ بالأسْماءِ ينفجِرُ

هل أودَعَتنِي بلادٌ

سِرّ ساكِنِهَا

حتّى أَمَسِّدَ في جنبيَّ من غبرُوا

وقدْ عَبرتُ لِوَحْدِي..

هادئاً..

وأنا أدري بأن جميعَ الناسِ

قَدْ عبرُوا

من موكبٍ

في قديمِ الوجدِ ليلُهمُ

وفي خُطورِ سَمَاويّ الرؤَى خطَرُوا.

نصف نَـاي

نصفُ ناي
ورجْعكَ الآن حتفُ
ومَقامُ الصدى بصدركَ نزفُ

القيامات كلها في ذهولٍ
والسماوات يمتطيهن خوفُ

ليس كل الذي عليَّ
سوى ما
لم يهادِنْه في كؤوسيَ خسفُ

ليس هذا الذي برأسيَ إلا

من بقايا الرحيلِ:

خمرٌ وطيفُ

يرتقِي الضوءُ في يديّ

صعوداً

مثلما يرتقي المجازاتِ حرفُ

ويصيرُ الإيقاعُ

خلخالَ خصرٍ

وأنا الكأسُ أجتبيهِ وأطفُو

وتصيرُ الظباءُ أحلى..

ولكنْ

أنا في غمرةِ الرصاصِ أخِفُ

لِلَيالِي الرياحِ وجهيَ

حتى صرتُ في مُرسَلَاتِهِنّ أزفٌّ

لِلْكلامِ الذِي اقتطفتُ أرانِي

موكباً حولهُ المجازُ يرِفُّ

كلّمَا ارتدّ عن سمائيْ شهابٌ

من قديم الفُسوقِ..

يرتدّ طرفُ

وإذَا جاسَ في رقوديَ شعبٌ

من شجون الحسينِ

ينهارُ «طَفٌّ»

مِن يقيني ومن شكوكِي

اشتريتُ «الوَجْدَ» مني

ولم يُغازلهُ إلْفُ

هكذا كنتُ في ضلاليَ وقْفَا

وعلى غيريَ النبوءاتُ وقْفُ

واثقاً من ولادتِي...

مطمئناً

أجرحُ الصمتَ تارةً وأكُفُّ

كي أعودَ إلى

حِواريَ شيخاً عارفاً

أمتطي الضبابَ لأصْفُو

سماوات أخَر وزمان قبل هذا

وجودٌ فلسفِيٌّ

في سَمائِي

ومَوتٌ ما يَكُفُّ عنِ اجْتبَائي

أخبئُ كل من فُقِدوا بجلدي

وأهمسُ لي:

هلُمّ إلى عزَائِي

قَبضتُ على حَنايَا الماءِ

حتى رأيتُ الناسَ

تَعلقُ في دلائِي

وكَانتْ كلُّ نائحةٍ بصَدرِي

كأنِّي فيهِ مُنتبَذٌ وَرائِي

أثبّـتُ فيهِ أَنفاسِي

ولمّا يزلْ صَوتـي شَريداً

في إنائِي

أكانتْ فِي رحِيلٍ ما عُيُونِي!

فَليسَ تُجيرُ صَمتـيَ بالبكاءِ

وليسَ عليّ

حِين أكونُ فرداً

إذا أنزفتُ فِي أثري رثَائِي

لقدْ كانتْ تُسمّينِي الزوايَا

سَماويّاً

تعتّقَ بالدعَاءِ

وصُوفيّاً

بِقَلبٍ آدَمِـيٍّ

رأى الأسمَاءَ تَسبَحُ في الضيَاءِ

رأى قبلَ الزمانِ..

وقبلَ هذا

حقِيقِياً تكوّنَ في فَضائِي

مجازيّاً أسافر في مجازٍ

ولم أُنهِضْ سوايا على البقاءِ

ملأتُ علي هذا الدَّنّ

حتى اقتربتُ – وما انتبهتُ –

من الفناءِ

أكانت لي بغير فمِي شجونٌ

أهشّ بها ضجيجاً

في حُدائِي

أكانت لي بغير عصايَ خيلٌ

أشقّ بها حشوداً

في دمائِي

يقيني في ضَلالي

ليس إلّا

حُسينيّ الحضورِ بكربلاءِ

وهأنَـذَا

كطِفلٍ مُطمئِنٍّ

أنـامُ..

ولا أحدقُ في المساءِ

عثرتُ على الكلام..

وقدتُ قلبي

فكان أنِ استويتُ على البهاءِ

وكانَ...

دعِ المَكامنَ في ذهولٍ

وقل لِي: ما شرودكَ في الظباءِ؟

سأشحذ سيري

في الزحامات أخبز يومي لأنيْ بعيدُ الوصولْ
وأمعنُ في الماء إذ يعتلي صهوةً في النخِيلْ

وإذ سالَ يمضي حثيثاً إلى موعد في الرمالْ
أراني انتهيت كما تنتهي في الحروبِ الرجالْ
أراني ابتدأت كما تبتدِي في السرابِ الجبالْ

أعالجُ أسماءَ من أُقْبرت
رهبةُ الحزن في وجهِهِمْ
ومنْ أَربكت سَوْرةُ الخمرِ مِيقاتهُم في الليَالِي

سأشحذُ سَيريْ إلى لا نهايتهِ

حيث لا خطوَ

إلا الذي تجتبيهِ نعَالِي

ولا موتَ إلا الذي آثرتْهُ نصَالِي.

أنباءُ الوجد

خُطورٌ سَمَاوِيّ

ووجْهٌ يلوّحُ

وأصداؤُنا الأولى

شِفاهٌ تسبّحُ

على ليلِنَا الآتي

«اقتِرابٌ» معَمّدٌ

وركبُ دموعٍ خَطوهُ يتأرجحُ

فلستُ أكونُ الآن

إلاّ «مُجرّحاً»

كما كان قبلي الناسُ..

حين تجرّحُوا

ومُتّهَماً بالوجدِ

من كلّ صارخٍ

ومن (قِبلةٍ أخرى)

ورَائيَ تنبحُ

شُيوخي استفاقوا الآن..

بيضاً وجوهُهم

وساروا على الإيقاعِ

حتّى ترنّحُوا

يُربّونَنِي خُلْداً..

وأحفظُ غيرهُ

كأنّي إلى مِيعادهمْ سوفَ أَسبَحُ

كأنيَ في طيٍّ من الغَيبِ
ألتقي بهم أنبياءَ الريحِ
لمْ يتزحزحُوا

فتًى منهمُ
سالتْ على النّايِ روحهُ
ومن رِحلةِ الأظعانِ ما زالَ ينضحُ

هوى قلبُه في كفهِ

وتدافعتْ

على عُشْبِهِ الغيماتُ إذ كان يسرحُ

وكان كنهرٍ

كلما اشتد سيرُه

يجُسُّ نخيلاً تحت عينيْهِ يرزحُ.

أنتِ والقصيدة والخراب

أحقّاً أحِبكِ

أمْ أنني عَالقٌ في

خَرابِ القصيدَةْ

أحقاً أحاربُ حُزنيَ فيكِ

إذا ازْورّ رملِي وشطّتْ

على ذِكرياتي القصيدَةْ

أحقاً أُحاولُ أنْ أنحتَ اسْمكِ

أَمْ أن صخريَ يملي عليّ

خواتم ما يستفز القصيدة

أهذِي وجوهُ الذينَ اقتفَوا

شاعري

وأقاموا صلاةَ الغُواةِ

بِمِحْرابِ عينيكِ

أم مِن بَقايَا القصيدةْ

سأتركُ ليلِيَ في لَيلِهِ

وأمرُّ على اسْمكِ

وهْوَ يدسّ الشفاهَ بحنجُرتي

كيْ تضيقَ بصَوتي المسافاتُ

لكنهَا لا تضيقُ القصيدةْ

أنا هكذا

تأكل الفاتناتُ ظِلالي

ويشربن من بئرِ روحي

عزائي السماءُ التي

ما تزال تنحت في البحر زرقتها

وتمد الفراشات باللون

والوردَ بالأمنيات السعيدةْ

أنا هكذا

أشرع القلبَ للقادمينَ إلى الليل

أنفاسُهم ليس تسمع فيها سوى

ذكرياتِ الصباحِ العميدةْ

فمن يسعفُ الطفلَ في داخل البئرِ

أم منْ يعيد البلادَ

ومن سوفَ يُلقي القميص على

جفنِ يعقوبَ كي يستعيدَ السنينَ البعيدةْ

هلْ

أتمُّ

القصيدةْ؟

هل أنا عالق في

خراب القصيدةْ!

وصوتي دمٌ أهرقته القصيدةْ!

فتاة بدمع القوافل

دعيني أقودُ الوجدَ صوبَ المنازلِ
لكي تكبرَ الصحرا
بدمْع القوافلِ

دعيني أشُدّ الأرض
عن ليلِ وِزرِهَا
وأسفكَ فيها السيرَ
عن كلّ راحلِ

ذريني..

فإني الآن أنظر قاتلاً

يشق طريقَ اللارجُوعَ

لداخِلي

أنا يا غريبَ المِلحِ

أبصرتُ دمعتي

تُطاول سقْف المُعجزاتِ الكوامِلِ

سأسقطُ منْها

فارغاً من نبوَّتِي

سقوطَ ربيعِي في مدارِ المناجلِ

لأنكِ أودعْت الخرابَ

موَاسمي

أفتش فيهَا عن بقايَا

تماثلي

ومنذ افترشنا

لحظةَ الوجد أيكةً

تيمّمَ نهرِي

شطْرُ شذْوِ البلَابلِ

أعمّدُ ضحكاتِ الطيورِ بشاعِرِي

وأشرحُ للغيماتِ

معنَى الجَداولِ

دعينَا نجيرُ الحبّ،

ما ضرّ مغرَماً

لو اِمتدّ في جنبيهِ

حقلُ السنابلِ

ومَا ضرّ صبّاً لَو أقامَ بقلبِه

طلولاً...

وأغفى بادّكار المنازلِ

هو الحبُّ

فاخْرج من خرافةِ شاعرٍ

مريضٍ بأسماء الرجالِ

الأوائلِ

وسرْ حيثما نادتك في الريحِ امرأةٌ

وأسدل عليها بعض ليلِ الجدائلِ

ولا تلتفت

فالأمسُ شاهت عيونُه إليكَ

كأنّ اليومَ طعنةُ «قابلِ»

على أنها الأحداثُ

مَرّ «قَداسةٍ» تمرٌ

ولكنْ؛ في مُسُوحِ الزّلازلِ

سَتُلقي بكَ الصحراءُ..

أبْعدَ نخلةٍ

لأنكَ لم تكبُر بدمعِ القوافلِ.

نبوّةُ أعمى

أَعْمَى

يُرَتِّلُ مَا تَقُولُ عَصَاهُ

لِيَدُسَّ فِي صَمْتِ المَكَانِ صَدَاهُ

لا لَونَ تحمِلهُ السّماءُ

فلا تسَلْ

من أيّ غيمٍ تنْبتانِ يَداهُ

مَبسُوطةٌ في الضّوءِ صُورتُه

فَلا يَلْوي على

ما تستجدُّ دُجاهُ

اللَيْلُ

والصبْحُ

الوحيْدُ

تنازعَا

من ألهمَ الأعمى

ومَن أقصاهُ!

يَجْتاحُهُ كُلُّ الذين بصمْتهِ

سَكبُوا الخَلاصَ

وشيّعوهُ

وتاهُوا

يَسْعونَ في خَلواتِهِ

سعيَ المريدِ

لِحضْرة القدّوسِ في مَولاهُ

هَو بعضُ من حَفِظوا السماءَ

لأنهُ غشاهُ في

المَلكُوتِ ما غشّاهُ

اِخضرّ في الأعلى هُنالكَ

مثلمَا تخضرُّ في صَوتِ النبيِّ شِفاهُ

وَانحلّ فِي الأسماءِ

أعذَبَ آيةٍ

لكنه في الأرضِ؛

ماااااا أشقاهُ.

طينُنا الثائر

سَعيدُ

وَكلُّ السَّالكِينَ

سَعيدُ

وأشدُو بهِ

والنّايُ فِيهِ عَمِيدُ

تَجلّيتَ في أعْماقنَا

عِندَ مَهبطِ الْكِبارِ

وناحتْ في صَداكَ حُشودُ

رَأيْناكَ يا (صوتَ) المَقادرِ

مِثلمَا رَأتكَ المعَالي

تَبتَدِي وتُعيدُ

فكُنت بِهَا مثلَ المَسيحِ

مُسَافِراً

كأَنّكَ فِيهَا سالكٌ ومُرِيدُ

فَهَا نحْنُ لَا نَدرِي

أبَعدَكَ زَوْرةٌ

إلَى شَأْوِهَا

أم ما نَرُومُ بعيدُ!

وها نحن آلَافاً

نَقودُ قُلوبَنَا إلَيكَ

أَباً وابْناً..

وَأنتَ وحيدُ!!

وها نحنُ في كُلِّ الثّوائرِ نَنتمِي إليْكَ

فَخبّرنا أَذاكَ تريدُ؟

لَقدْ كنتَ أدْرَى..

لَيسَ يُوسِعُكَ المدى

وأنّى لَهُ والبحرُ فِيكَ شَديدُ!!

وحِينَ اقْتعلتَ الْخائنِينَ

ولم تزلْ بهم

كيْ يقولوا: موعدٌ، ووعيدُ

ألا لستُ أدري يَا سعيدُ أجذْوةً

تَكونُ!!..

أمِ اِجتُثّتْ رُبىً وَوُرُودُ!

أَلَا لستُ أدري كَيفَ أنتَ وعالم

رُميتَ بِهِ

حتى بكَتْكَ قُيودُ

وَلكِنّني

يَا صَوْتَنَا

ودُمُوعَنَا

ويا طِينَنَا الثّوريَّ؛

فيكَ شهيدُ.

لا غدَ أمتطيهِ

الآنَ لَا غدَ أمتطيهِ ولا بلادَ

إذا ترجّلتِ الدُّموعُ عن العيونِ

وودّعتني في دَهالزها المحطاتُ الغريبةُ

تكبرُ الجدرانُ حولي

تشْحبُ الألوانُ

تَشحب في يَديَّ مَلامحُ القمرِ العتيقِ

وشارعٌ يمتدّ

يملأ أفْقَ هَذي الليلةِ الخرساءِ

يُومئُ لي

ويبعث لي بريدَ الرمل والنخلِ المقدسْ:

سِرْ إثْرَ هذي الرّيحِ،

يا ابنَ الممتطينَ الرّيحَ،

يَاااا.......

يَا أولَ النّزغاتِ ما بينَ الْتفاتات الصباحِ

وبينَ ما توحِي بهِ راياتُ خيلٍ قادماتٍ

كي تمهّدَ كلّ قلبٍ للسلَامْ

قُلْ: ليسَ غير نعمْ

ورتّل ما يقولُ لك النخيلُ،

وما يدسّ الأيكُ فيك،

ففيكَ يحتشدُ الحمامْ

الآن تؤنسك السّمَا

ويَقودُ شَطركَ وجهَهُ هذا الغمامْ

ويسيرُ رَهنَ ضلَالِكَ المسكوبِ

في كَأسِ المَشِيئاتِ الأمامْ

قل: ليس غير نعمْ

وأسدل قلبك المشدودَ والمنثورَ

في آثار أهل اللهِ

من كانت تدثرنا السماء بقربهم

حتى رأينا الموتَ يركضُ عارياً

حتى رأينَا الصمتَ يحتضنُ الكلامْ

قل: ليس غير نعم

فليس على النشيدِ إذا توقّتهُ الربَابةُ

أو تغرغر في المحاجرِ

أوْ تعتقَ في الدِّنانِ

ولمْ يزلْ يرتادُ وجهِي

مثلمَا يرتادُ هذا الأيكَ أسرابُ الطيورِ

كأنما الكلماتُ موعدُهَا الأخيرُ

بِأن تقايِضَ كل شَدوٍ في اليَمامْ

قل ليس غير نعمْ.

مقترباً لأخْذِ مناسكِي

حَظّي من التَّهْيامِ؛

نظرةُ فاتِكِ

وخُطايَ فيهِ

عَلى مشَارفِ سافِكِ

في كُل قَافيةٍ أمُوتُ..

كأنمَا سَكبُوكِ

وحْياً قَاتلاً بمسَالِكِي

وَدُوَيْنَ صَوتكِ تَسْتجدُّ مَسافةٌ

تُفضِي بأنكِ:

«زينبُ ابنَةُ مَالِكِ»

وأنا...

غَيَاباتُ الفؤادِ

خَرِيطَتي

كَيْ لَا تضِلّ قَوافلِي

ومَدَارِكِي

أمْشي....

وَصوتٌ مّا...

يُهزهزُ في دمِي

الآن تُصلبُ في البَياضِ

الحَالِكِ

الآن تأذَنُ للخرابِ،

فقل لهَا:

سَأخوضُ زِلزالي بغير

تماسكِ

فلتَهدَئي كالليلِ

وجهُكِ عابرٌ

أرنُو إليهِ

لكيْ أمرَّ بِبَالكِ

وَصَداكِ...

أغنيةٌ يَسيرُ إزَاءَها

مَلكوتُ قِدّيسِينَ

صَوبَ جَلَالكِ

مَاذَا أُوَخّرُ...

غَيرَ أنّـيَ إن ذَكرْتُكِ؛

سِرتُ نحْوكِ

– واثقاً – لِمهالِكِي

وإذا رجعتُ؛

رجعتُ مَنهوكاً...

كَمَا العَتَقِيُّ

يَرجِعُ في الزَّمانِ الآفِكِ

ولأنّني الأزَليُّ

فِي بلْوائِهِ؛

سَأُحِبُّ فيكِ مَشاربِي وَمَضَانِكِي

ولأنكِ الحُبُّ المُقدسُ؛

أخلَعُ النّـعلَينِ...

مُقترباً...

لأَخْذِ مَنَاسِكِي

وكتمتُ أولَ ما كتمتُ
نبوّةً خضراءَ
ترقدُ في ربيعِ مداركِ

إنّي
وليليَ
وانقبَاض قصائدِي
شيءٌ تنزّلَ
من عُلاكِ السّامكِ

فَدَعِي الْغوايةَ جانباً...

فَأنا سَعيتُ إليكِ

مِثل

مُريدِ شَيخٍ

(سَالكِ).

عالقاً في خيط هديك

خذني إليكَ

كأنما سافرتُ فيكَ

مُيتّما

وولجتُ حضرتك

التي فيها قرأْتُكَ أعجمَا

وشهدتُ موعدك

الذي ساومتُ فيه الأنجمَا

فهبِ الكلامَ

ملاذَهُ

وَهبِ السنابلَ

موْسمَا

فلَكَم أتاك

مسلِّماً

وعلى القصيدِ

مسلَّمَا

وقفت تراودهُ الرؤى

صوتَاً تدثّرهُ

السَّمَا

إني

ضممتكَ خاطراً

يَرعى بصدريَ

أينمَا..

وقصيدةً أخرى

كأنّ الوحيَ

مـرَّ..

وسلَّمَا..

ما كانَ طِينكَ

غيرَ مَا صدقتُ

حين تكلّمَا

ما زلتَ تنحتُ شاعرِي

حتى راكَ..

وكتَّـمَا

ما زلت «آخرَ» ضحكةٍ

بِفـمِ الصغِيرِ

وَ«أقدمَا»

دخل القصيدةَ

عالقاً في خيطِ هَديكَ

ريثَما..

لم أدرِ كيفَ!..

لأنني

سافرتُ فيكَ

مُيتّمَا

وتبعتُ ضوءكَ سيدي

لأديرَ فيهِ

الأنجمَا

فأبِحْ حِماكَ..

ومُدّ صوْبَ جلالِ وعدكَ سُلّمَا.

يعودُ إيقاعاً

يتأرجحُ الملكوتُ

في عينيكِ

فأسُلُّ:

هذا الوحيَ

من شفتيكِ

ويجفّ في دربِي انتظارٌ

كلمَا حلّت خطاهُ

على رُبَى رمشيْكِ

فأجيءُ مثلَ غدٍ

تناسلَ ليلُهُ

وأقامَ موتةَ غائبٍ

بيدَيكِ

منذُ احتلالِه

لم يزلْ مترنحاً

يتأمل الصبواتِ

في جنبيكِ

فسعى على أشجانه

متأبطاً

أثرَ الشرودِ

لِمُنتهى وحْييْكِ

ويعودُ إيقاعاً

كما لو أنهُ

أفضت إليهِ حَمامة في الأيكِ.

فم مُعطّل

البنتُ في خِدرهَا تُزجي ضَفائرَها
والليلُ يخدشُ في المرآةِ شاعرَها

هو الذي اقتطفتهُ الكأسُ
وانتَبذتْ
به احتراقينِ لمّا صارَ عاقرَها

يصطادهُ الوجدُ ليلاً
وهو منتثرٌ في كُحْلِ حوراءَ
لم تضبطْ مَحاجرَها

وقام يرنُو إلى الصحراءِ

يحسِبُها خيلاً

تزفّ إلى الدنيا مُهاجِرَهَا

أنثاهُ نافذةٌ للضوءِ

شاردةٌ حَتى تعودَ

وقد أفنتْ جآذِرَها

والنبضُ منْه

انفلاتُ الكأس مِن يَده

وكانَ أولَها فيها وآخرَهَا

يغادر الناسَ أجسَاماً وأفئدةً

وخلّف الأرضَ

قد ألقتْ معاذرَها

كأنمَا يشهدُ الأسماءَ

خارجة من طينهَا

تُلبسُ الموتى حناجرَهَا

ستركضُون جمِيعاً

ربما انحصرَتْ

فِينا القيَامةُ خَوفاً أنْ نُحاصرَها

ستسمعُونَ كَلاماً ما

تغادرهُ الأزمانُ

حتى إذا ما اشتدّ غادرَها

قَبائلاً

لَا تجِيرُ الآن غير فمٍ معطلٍ

أوْ سَماً تؤذِي عصافرَهَا

ستَحسِبُونَ انتظارَ الحربِ

تذكرة

وموطناً لم يزلْ يُدني هوادِرَها.

ضلالة وهُدى

تمَشّتْ بي موَاعدُكِ ارْتحَالَا

وصَوتُكِ؛

مَا أُجَمْجمُهُ ارتِجَالَا

كأنّيَ بعدمَا أوقَدتِ قلْبِي

بجَفنِكِ

شاعِرٌ يَرِدُ الضَّلَالَا

فلَيسَ علَى فتىً مِثْلِي

جُناحٌ بِحُبِّكِ أنْ يَخوضَ بهِ الجَلَالَا

فَفيكِ من الضَّلَالةِ

بعْضُ سِحرٍ

وَوَحْيُ هُدىً

تَنازعهَا اكتمَالَا

وَفيكِ مطالعٌ

وعُيونُ شِعرٍ

بِـهِنَّ مَغَـاربٌ تَرعَى الزّوالَا.

يقطفني الناس

أنا لا أجرب في الهامشِ

الرحبِ رمية قوسي

ولا أقتفي كل نص يضللُ حدسي

على غير ما كان أوّله

أو تنبأهُ ساعةَ الكشف بين احتراقات رقصي

وما فيّ من هدْأةٍ وارتباكْ

على غير ما كان في الماء والزيتِ من حكمةٍ

لم يكن لي ولا للصدى داخلي

من يد في شؤون السماءْ

أقولُ وصمتيَ ملْء الفضاءْ

فراراً من البحر

أرسيت في الظل فُلكي وألقيتُ

رهنَ انحرافِ الرياحِ الشباكْ

ولي في مجاذيب هذا اليقين انتظارْ

ولي لحظة الشك تُرخي عليّ احتضارْ

سيقطفني الورد في موسم الحبِّ

تقطفني الشمس في موسم اللحْظِ

يقطفني الأنبياء

إذا اللهُ أوحى

ورفرف في كل قلب جناحانِ

يقطفني الناسُ..

إن حطّ بيني وبيني مَلاكْ

تعزية إليّ

بَيْنِي وَبَينَكَ شِبْرٌ وَاحِدٌ

ويَدُ

فَابْعثْ صَدَاااااكَ

لَعَلّي فِيهِ أحْتَشِدُ

وَقُلْ:

إذَا جِئتُ مَعنىً فِيكَ

أَسْأَلُهُ

هَذَا الفتَى كَانَ يَوْماً

فِي يَدِي يَفِدُ

لا تُكْثرِ الشّعر

إنّ المَوتَ يَجْهَلُنِي

فَلَيسَ يُدرِكُ أنِّي وَاحِداً

عَدَدُ

يَا سَيّدِي...

نَمْ غَرِيباً

مِثلَمَا شَهِدَتْ

لَكَ اَللّيَالِي..

وسَاااافِرْ

فَالسُّرَى أبَدُ

بَلْ نَم كَبِيراً

كبيراً.......

مثْلَ مِئْذَنةٍ

تُوزّعُ النور رَجْعاً

فِي الأُلَى سَجَدُوا

حَدِّثْ عَنِ الليْلِ

عَن سِرٍّ خَلَوتَ بِهِ

وَكَيْفَ سِرتَ عَلَى آثارِ

مَن صَعِدُوا

عَنِ الغَريبِينَ فِينَا

لَيْس يَشرحُهمْ

سِوَى الأَعَالي

فَلَا (بَذْرٌ وَلَا أُحُدُ)

سَتَنبُتُ الآنَ فِينَا

أَخْضراً

وَيَداً بَيْضَا..

وَيَطْفُو عَلَى دُنْيَاهُمُ الزّبَدُ

الْيوَمَ نَعْلمُ

أَنّ الأرْضَ ضَيّقَةٌ

عَلَى بقَايَا صِغَارٍ

فِيكَ مَا اتَّحَدُوا

كَأَنّنَا

لَمْ نُدِرْهَا

وَهْيَ صَافِيَةٌ

إلاّ لِيَشْربَنَا التّبْرِيحُ

والنّكَــدُ.

نيابة عن كل شيء

كَمَا عَلَى الْقُفْلِ
يحْشدُ الصَّدَأُ
أحاطَ بي من جُموعهم
مَلأُ

لم أرتقبْ
كي أرى بهم سَبأ
نبّأتُ طيري..
ليَرقدَ النّبأُ

ليس عليّ

وَلا علَى طلَلٍ

أن يستجدّ بنأيِنا الكلأُ

ولَا على الليْلِ

في نِهايتِه

إذا تشرّدَ فيه مبتدِئُ

مَا كان غير رِكَابهم أحدٌ

ما أجلبت خيلهم،

وما وطئُوا

حيثُ انتبذتُ قلوباً

اِنقلبَ الصّوَابُ فِيّ

يَقودهُ الخطَأ

كمنْ..

تمعّن في اقتباستهِ

فاقتادهُ صوبَ نارِهِ الظمأُ

ومنْ عَلى قلقٍ ترحلهُ

وينشدُ اللـــــهَ

فِي الأُلَى هدؤوا

بي كُلُّ ما بأبِي

فكيفَ إذاً

لمْ يستقِلْ من جُذاذَتِي الحمأُ؟

قبل ازْوِرارِ الرمالِ

قلت غداً

آوِي إلى الريحِ

حيثُ أختبِئُ

آوي إلى ركنِ نخلةٍ

وعلى بقية الجذعِ فيـهِ

أتّـكِئُ

وأسهرُ الليلَ عن مواقدَ

لم توقدْ

وعن كلّ من بهِ انطفؤوا

عن الفراشة

ترتدِي قبساً

فقامَ عنها اللّهيبُ

ينكفئُ

عن كل من رتّقوا

قراءَتهمْ ليلاً

فعرّى الصباحُ

ما قرؤوا

لأن بي شاعراً

رأيتُ هُدىً

ووَاديَيْـنِ اجتبَاهُما الكلأُ.

شمسٌ لم تطأها المراود

– غِوَايةُ عَينَيْكِ

– الْمَدَى

– والقَصَائِدُ

ثَلاثٌ

بِهِنّ الدّهرَ تفْنَى الأوابدُ

أقامتْ عَلَى الصّحرَا

برِقة طَبعِهَا

فَقامَتْ تُناجِيهَا

الرّيَاحُ الرّواكدُ

وَكمْ فِي بِلَادِ اللهِ

– مِنْ دُونِ وِجهَةٍ –

بِعَينيْكِ هَامتْ أرْحُلٌ

ومَقاصِدُ

سَلِي الليلَ

عن أبنائِهِ

وهوَ شَاهِدٌ علَى كلّ مَيتٍ

أَغْفَلَتْهُ المَشَاهِدُ

سَلِي البَدرَ

كَمْ صَبّ تَوكّأَ وَجهَهُ

وأدْمَنَ شَمْساً

لَمْ تطَأْهَا المَرَاوِدُ

ولا تَنظري

إن السماء بعيدةٌ

ويكفي هُبوطِي – مِحنةً – ما يُكابدُ

لأنكِ صنوُ الموتِ

نـهريَ يابسٌ

وأشجارُهُ اللائي عَلَيهِ مراقدُ

لأنك آثرتِ التصوّف

لم أزلْ كأن على جنبِـيْ

خَلِـيّ وساجدُ

لكِ الحضرةُ الأولى،

ولي الرعشةُ التي

تموجُ..

لِيرتدَّ الذينَ توافدُوا

ولي ما أباحتهُ صلاةٌ بخافقِي

على أننِي فيهِ:

شهيدٌ وشاهدُ.

الفهرس

- لهذا أكتبُ 7
- غناءٌ حَجرِيّ لنبيّ يجرح الوحْي........................ 9
- الندامى 17
- قابَ وحْـيَـيْـنِ 23
- ابتلاءٌ أخير لجسد أول 31
- على موعدَينِ........................ 35
- قلبي قبيلة من النمل........................ 41
- أساطيرُ الأَولين 51
- قتيلٌ لم يزلْ........................ 57
- خطورٌ سماوِيّ 61
- نصف نَـاي........................ 67
- سماوات أُخَر وزمان قبل هذا 73
- سأشحذ سيري........................ 81
- أنباءُ الوجد........................ 83

– أنتِ والقصيدة والخراب 89
– فتاة بدمع القوافل 95
– نبوّةُ أعمى 103
– طينُنا الثائر 107
– لا غدَ أمتطيهِ.. 113
– مقترباً لأخْذِ مناسكِي 119
– عالقاً في خيط هديك.. 127
– يعودُ إيقاعاً 133
– فم مُعطّل.. 137
– ضلالة وهُدى 141
– يقطفني الناس 143
– تعزية إليّ 147
– نيابة عن كل شيء 153
– شمسٌ لم تطأها المراود.. 161